PRIMERA DIMENSIÓN
MONTE ÁVILA EDITORES LATINOAMERICANA

Primera edición, 1998
©Monte Ávila Editores Latinoamericana, C.A., 1997
Apartado postal 70712, Caracas, Venezuela
E-mail:maelca@telcel.net.ve
http://www.monteavila.com
Colección Primera Dimensión. Libros para niños y jóvenes
Diseño de colección: Pedro Mancilla
Diseño e ilustraciones: Astur Demartino
Composición electrónica: Diseños Frank
Fotolito digital: Luarca C.A.
ISBN 980-01-1011-9
Depósito Legal lf 50019988004 A.
Impreso en Venezuela
por Editorial Torino, C.A.

El SUR

Ednodio Quintero

Ilustraciones de Astur Demartino

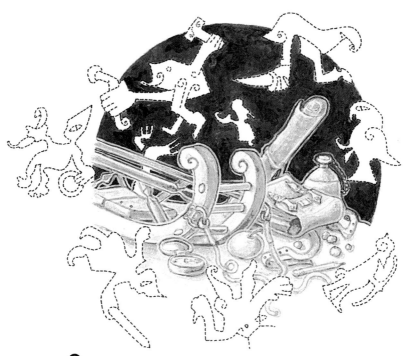

 Monte Ávila Editores Latinoamericana

a Leda, mi hija
a Daniel Andrés

Me llamo Harold, tengo once años y mi padre es guardabosques. ¿Será que lo guarda cada noche para que los leñadores de la aldea vecina no se roben los árboles? Debe ser enorme la caja donde tiene que guardarlo —como una de ésas llenas de cerillas que traen de Suecia, multiplicada por mil. Cállate, idiota. Otra vez estás desvariando. Que no te escuche tu madre, pues si sospecha que te ha vuelto la fiebre, será capaz de venirse con sus mantas y pasar la noche contigo. Y con ella durmiendo a tu lado, ¿cómo harías para escapar?

La idea de escapar se me ocurrió hace unos meses, al comienzo de las clases. Por cierto, la maestra Helga estuvo a punto de desbaratar mi plan. Ella siempre me llama la atención cuando me pilla distraído con la mirada perdida en alguna región del aire o fija en una grieta de la pared. ¿Pensando en el Sur?, me pregunta. Y sin aguardar respuesta, agrega: deja de fantasear, muchacho, el Sur no existe.

El Sur existe, yo lo sé, pero no voy a contradecir a esa pobrecita —vestida como un espantajo y con el pelo alborotado como si se acabara de levantar. La culpa es mía por haber confiado mis secretos a una desconocida. Cometí un error, la primera vez, cuando le hablé de mis intenciones de emigrar al Sur.

La señorita Helga me había sorprendido en uno de mis momentos de distracción, y quiso saber qué ideas disparatadas vagaban por mi mente. Le dije que planeaba irme al Sur. Que allá había un país sin nieve ni estaciones, que el sol calentaba todo el año, y que incluso las noches eran cálidas. La gente vestía ropas ligeras y muy coloridas. Los aborígenes (me sentí orgulloso de utilizar una palabra rara) dormían desnudos en camas de lona, algunas colgadas entre los árboles —qué cosa, ¿no?—, y protegidas por una red muy fina que impedía el paso de los mosquitos. También el mar era caliente, y con olas más altas que una casa. Se podía esquiar sobre ellas, bambolearse en el aire como un jinete acuático, y hacer piruetas, ¡uf! Debe ser más emocionante que lanzarse cuesta abajo, sobre la nieve sucia, montado en un par de patines. ¿No le parece? Imagínese usted misma, señorita, encaramada en la cresta de una ola: ¡La Reina del Brasil!

Sí, se me había soltado la lengua, y la maestra se me quedó mirando como si hubiera visto un insecto raro y se dispusiera a aplastarlo de un pisotón. Pero antes de asestar el golpe final me preguntó: ¿Y cómo piensas, pequeño Harold (detesto que me llamen pequeño), viajar a ese... inexistente... país? ¡En trineo!, le respondí, muy seguro de lo que decía. A la señorita Helga le dio un ataque de risa, repentino e incontenible, y en el empeño casi doloroso por recuperar la calma, su rostro fue perdiendo el color encendido y rubicundo hasta adquirir un tono gris, como de ceniza, semejante al de las hojas muertas. Mis compañeros, que permanecían clavados a los duros asientos, moviendo sus cabezotas pesadas —como una manada de alces de vuelta al dormidero—, comenzaron a inquietarse. Y antes de que se desbandaran por completo, la maestra dio por terminado el interrogatorio: Harold Haroldson, chilló con aquella vocecita que tanto me desagradaba, dígale a su señor padre, Olav Haroldson, que se presente aquí en la escuela mañana por la mañana.

Comuniqué a mi padre el recado de la maestra y aguardé por la segura reprimenda —que imaginaba cruenta e inmerecida. Y que, sin embargo, tardaba en llegar. Después de una semana, mi padre tocó el tema de su cita con la maestra y, en contra de mis temores, no me hizo ningún reproche. «Yo también, en mis tiempos, soñaba con el Sur», dijo.

El Sur, el Sur. Me encanta esa palabra. Suena como el silbido del viento entre los árboles. En cambio, Norte es áspera, parece el bramido de una res. Sí, el Sur aguarda por mí, me iré esta misma noche. Cuando ya todos se hayan dormido, me vestiré y saldré por el hueco de la ventana. Me deslizaré como un cazador furtivo hasta el establo y desenterraré el trineo que escondí bajo el heno, la semana pasada, antes de que la fiebre me tumbara. Con un silbido que yo sólo sé hacer, y que los oídos de un humano son incapaces de percibir, llamaré a Kid, el perro, que acudirá volando a mi llamado —raudo como una bola de nieve que rueda por un desfiladero. Cuidado, Harold, estás hablando como tu tío Bjorn. El tío Bjorn, arruinado por el alcohol, recita poemas en la taberna del pueblo a cambio de unos tragos de vodka.

¿Dónde andaba? Ya, ahora me toca ponerle a Kid los arneses y enganchar el trineo. Los patines están listos para un largo viaje, yo mismo me he ocupado de afilarlos, cortarán el hielo como una hojilla, zuás. Los antiguos pobladores de estas tierras construían patines con huesos de animales —megaterios, quizá—, y en sus travesías nocturnas se orientaban por las estrellas. Yo dispongo de un trineo hecho de madera y con patines de acero inoxidable. ¡Ah!, y de una brújula finlandesa, marca Suunto. Me la trajo mi padre de su viaje a Helsinki el año pasado.

Ojo, muchacho, no debes olvidarla. Si te aventuras por esos caminos de tinieblas sin una brújula para orientarte, corres el riesgo de protagonizar —otra vez— la historia del holandés errante. Lo de holandés es incorrecto, soy noruego, hijo de Olav. ¡Qué importa quién sea tu padre, ahora que te preparas para huir! Aparta de esa cabeza de pajarito pensamientos superfluos. Concéntrate en lo esencial. Repasa tu programa. Sé que lo has memorizado como si se tratara de la tabla de multiplicar, pero debes repetirlo una y otra vez. Vamos, repítelo de nuevo. Recuerda que no puedes cometer errores, no habrá una segunda oportunidad. Si fallas, estarás condenado a permanecer de por vida en este país de nieve, prisionero entre montañas de frío atenazante y soledad.

Aún es temprano. Oigo los pasos de Marit en el piso de arriba, el taconeo de sus zuecos, madera sobre madera, resuena en mi cabeza, toc toc. Marit debe estar paseándose por la habitación, dándose ínfulas de princesa egipcia, fumando como un deshollinador. Ahora se acerca a la ventana y la entreabre para que el aire frío —que entra resoplando como un fuelle— ahuyente el olor del tabaco. Y Stine Lise, espejito espejito, protesta desde su tocador. Hermana, ¿quieres que el viento nos arruine los pulmones? Cierra la maldita ventana, ya. Esas hermanas mías son unas locas.

Marit, la mayor, tiene diecisiete años, y fuma a hurtadillas. Yo la sorprendí el otro día en el establo. Vi humo saliendo del lomo de una vaca y me asusté. Quise salir corriendo pero Marit me atrapó. Luego me amenazó con dejarme atado durante una noche entera en la empalizada si le iba con el cuento a la pobre de mamá.

Madre no está para sustos, pensé, cualquier contrariedad la pone a temblar, voltea los ojos y le sale espuma por la boca, qué barbaridad. Y en aquel trance, su cuerpo rechoncho puede ir a dar contra el piso como un saco de cebada, y si se golpea el cráneo, adiós. Marit, hermanita, suéltame ya, sabes que no te acusaré. Aunque me azotaran hasta sangrar, no diré una sola palabra. Te lo juro por Odín.

Marit sonrió con esos dientes suyos de caballo y me acarició el pelo, y yo estuve tentado de confesarle mis planes de fuga. Ahora que soy cómplice tuyo, te confiaré un secreto, me voy al Sur, bla bla. Pero me contuve, no tanto porque desconfiara de ella, no, sino porque no quería que se burlara de mí.

Stine Lise tiene quince años y no ha caído en ese horrible vicio del tabaco. Lo suyo es algo peor, pienso yo. Permanece día y noche frente a un espejo. De tanto contemplarse, creo que el rostro se le va a desgastar —¡qué horror!— como el filo de las hoces durante la cosecha de avena, chas chas. No entiendo a Stine Lise, y mi madre la regaña por cualquier motivo. Ociosa y

buena para nada, niña bonita —oigo que le dice. Pobrecita Stine Lise, nadie la comprende.

Yo las quiero mucho a las dos. Y en estos días he intentado demostrárselo de todas las maneras posibles. Las abrazo y las beso a cada rato. Es como si me estuviera despidiendo de ellas para siempre, sí, porque no las veré más. ¿Qué le pasa a Harold? Anda como un perro con pulgas, de allá para acá. No se queda un instante tranquilo. Llega y se me cuelga del cuello y me besuquea como si yo fuese su novia. Y a mí me mira con ojos de ternero, y a ratos lo escucho suspirar. ¿Qué le sucederá? Él antes no era así de efusivo, incluso nos ignoraba. Pero ahora... ¿Será que está cambiando con la edad? Vamos, no exageres, si apenas es un niño. (¿Niño, yo?) ¿Lo habrá embrujado alguno de esos duendes pícaros que medran en los bosques de abedul? Yo opino que se está volviendo idiota, míralo bien. Suele ocurrirle a los hijos de madres viejas, es lo que dice el tío Bjorn. Y nuestra madre ya había pasado de los cuarenta cuando nació Harold.

Así hablaban Marit y Stine Lise, y yo las oía murmurar, pero por nada del mundo les revelaría el motivo de mi desazón. Luego vino la fiebre y me fulminó, y mis hermanitas dejaron de especular. Sí, las quiero mucho, de verdad, y me pregunto qué pensarán cuando se enteren de mi huida. ¿Me echarán de menos? ¿Cuánto tiempo tardarán en convencerse de que ya no estoy? ¿Acaso me olvidarán?

Mi madre morirá pronto, lo sé. Nada podrá impedir su muerte. La he visto en sus ojos, que poco a poco, como el fuego de la chimenea cuando dejan de alimentarlo, han ido perdiendo su luz. Y también lo he visto en esa especie de corona que le rodea el cráneo, antes luminosa y brillante como si llevara un bombillo encendido entre el cabello, y ahora cada vez más apagada. El día que ese halo oscurezca por completo, mi madre morirá. No estaré aquí para acompañarla en su agonía. Y aunque estuviera muy cerca de ella, rodeando su cuello con mis brazos y acechando el latir de su fatigado corazón, nada podría hacer para cambiar su destino.

He pensado mucho en mi madre, todos estos días, mientras la fiebre me bamboleaba de aquí para allá, la he pensado con intensidad. Cuando se aproxima con pasos ligeros a mi cama, me fijo en ella, veo cada detalle de su rostro, intento apropiarme de él —como si se tratara del mapa de una región desconocida, a la cual debo enfrentarme, sin brújula ni estrellas guías, sin puntos de referencia, sólo confiando en los caminos francos, en los atajos y bifurcaciones grabados como un tatuaje en la memoria. Quiero llevarme conmigo esa imagen suya, conservarla intacta para evocarla en algún instante de flaqueza durante mi larga travesía rumbo al Sur.

¿Y mi padre? ¿Qué será de Olav Haroldson cuando sepa que su hijo querido ha desaparecido sin dejar ninguna huella? Me lo imagino bramando como un alce herido, lamentando su perra suerte, imprecando a Odín. Si por mí fuera, no le causaría semejante dolor. Pero ya no puedo echar marcha atrás, debo cumplir mi sueño ahora que tengo voluntad. Si aguardo la vejez, como mi padre, me crecerán raíces en los dedos de los pies, y así cualquier esfuerzo por apartarme de esta comarca desolada y huérfana de sol será tan cuesta arriba como hacer que esos árboles de la colina marchen en fila rumbo a la ciudad.

Yo sé que mi padre, en el fondo de su corazón, está de acuerdo conmigo. Él también, en su lejana juventud, soñó con el Sur. Compartimos ese anhelo, que ya es mucho decir. ¡Ah!, y tenemos algunas otras cosas en común —sin hablar, claro está, de los ojos claros, el cabello ensortijado y la larga nariz.

Ambos detestamos a los cazadores furtivos, que llegan en bandadas durante la época de veda y arman sus tiendas en los claros del bosque, pues no hay ninguna ley que les prohiba acampar. Traen aparejos de pesca e incluso cámaras fotográficas, para disimular. Y entre sus bastimentos esconden los rifles con mira telescópica y silenciador. Aguardan la llegada de la noche y amparados por las tinieblas sorprenden a los indefensos ciervos en sus dormideros. Los enceguecen con linternas y les clavan un pedazo de plomo en medio de la frente.

Si la presa es muy pesada, la despellejan y descuartizan en el sitio. Se llevan la piel, la carne y la cornamenta, y dejan sobre el mantillo del bosque un reguero de sangre, vísceras y huesos. Confían en que los lobos salvajes, atraídos por el olor, den cuenta de los restos de la carnicería.

Vuelven al campamento antes del amanecer y huyen como ratas rumbo a la ciudad. Yo nunca los he visto, ni siquiera de lejos, pero mi padre me ha hablado de ellos y he aprendido a odiarlos. Son unos desalmados. El año pasado, por primavera, Olav logró detener a un trío de furtivos. Llevaban cinco cervatillos muertos en una camioneta. Y qué les hicieron —pregunto, a los cazadores, quiero decir. Nada, hijo. Sólo pagaron una multa a la Municipalidad. Deberían haberlos desollado —pienso yo.

También comparto con mi padre su aversión por lo que él llama el «cuento de los vikingos». ¿De qué nos sirven esas historietas que divierten a los extranjeros?, dice Olav. Ya no salimos en naves ligeras a desafiar las tempestades, ya no somos el terror de los isleños de ultramar. Vikingos de pacotilla, eso es lo que somos —afirma con rabia y resignación. Leñadores y pescadores, un pueblo de sedentarios laboriosos apegados como piojos a esta tierra infértil. Nuestros ancestros viajaron hasta las costas de América, y nosotros vamos de

excursión a la cabaña del tío Bjorn. No olvides llevarle una botella de vodka, te lo agradecerá.

A veces a mi padre le da por delirar y no entiendo muy bien lo que quiere decir, pero estoy de acuerdo con él en que los vikingos son cosa del pasado, un tema apropiado para los dibujantes de comiquitas o para el teatro escolar.

Hace ya muchos años, tres o cuatro, ¡uf!, cómo pasa el tiempo, ¿no?, fui víctima de esa afición criminal de los maestros por hacer que los escolares representen papeles de vikingos. La pasé tan mal aquella noche, que no lo quisiera recordar.

Yo era rey y tenía que recitar un breve parlamento delante de unos embajadores que habían venido al palacio a solicitar clemencia. Aunque podía memorizar una página entera, olvidé por completo el discursito, y los esfuerzos de la maestra por recordármelo fueron inútiles. Las mejillas y las orejas me ardían como un tizón. Alguien del público se compadeció de mí y comenzó a aplaudir, otros lo imitaron y la obra continuó como si nada. Salí de escena y me senté a llorar.

Aún me veo sentado en un banco de madera, tras bastidores, moqueando y maldiciendo al inventor de aquel suplicio, intentando librarme del casco con cuernos que me hacía sentir ridículo y que, para colmo de males, me sofocaba. No guardo en la memoria ningún recuerdo de lo que sucedió a continuación: el regreso a casa en el trineo con adornos de navidad, las burlas de mis hermanas, las voces de consuelo de mi madre, las zalamerías de Kid, nada, nada, todo lo olvidé. Tal vez aquel incidente, que para mí significó una profunda humillación, pasó desapercibido para los demás. De la manera que sea, me negué a participar en cualquiera de las muchas veladas que se representaron a lo largo de estos años. Nunca más, lo prometí, nunca más. Al diablo con los vikingos. Incluso rechacé un papel de espantapájaros —que no requería de ninguna habilidad especial. Tampoco quise ser Hamlet ni pastor.

Los pasos en el piso de arriba han cesado. Ya debe ser casi medianoche. Marit y Stine Lise duermen como lirones, ni una estampida de renos las despertará. Es hora de partir, amiguito, vámonos. Mientras me visto, repaso el programa por última vez. No olvides el cuchillo, la brújula y el anorak. He ensayado tantas veces la primera fase de la fuga, la más riesgosa —comienza cuando me descuelgo desde la ventana y acaba cuando el trineo pasa bajo el arco de madera que señala la entrada de la granja—, y ahora que me dispongo a ponerla en práctica siento un principio de duda, quizá un ligero desánimo, como si de tanto repetirla le hubiera perdido el interés.

¡Cuidado! Aparta de tu mente ese tipo de distracciones. Despabílate, pues. No busques excusas de última hora. Ponte los pantalones, sé hombre, demuéstrale a quien sea que eres capaz de hacer que un sueño se convierta en realidad.

Un sueño, ¡ah! ¿Y si sólo fuese un sueño este viaje rumbo al Sur? ¿Qué haría al despertar? No soportaría el frío y la desilusión. ¿Cómo enfrentar el tedio, los chillidos de la maestra, el cielo gris? Creo que no me quedaría otra alternativa que permanecer día y noche en esta cama dura y dejarme morir. ¡Vamos, levántate ya!

Todo salió según el plan. A pedir de boca —como dice, con su lengua enredada por el alcohol, el tío Bjorn. Atrás queda la casa tapizada de nieve, no quise voltearme para verla desaparecer en la distancia, no debo permitir que ningún sentimiento de culpa o de nostalgia me obligue a regresar. Los parientes del fugitivo duermen a pierna suelta, y las vacas rumian sus raciones de heno —echadas en el piso del establo como gigantes fatigados. Adiós, adiós a todos, adiós.

El perro trota contento. Se imagina, tal vez, que iremos de paseo hasta la aldea y que estaremos de vuelta antes del amanecer. Y la noche, contrariando mis pronósticos de hace un rato, luce clara y despejada. Es cierto que un tenue manto neblinoso oculta las estrellas, pero el resplandor que pareciera brotar de las montañas del Norte ilumina el camino como un falso día. ¿Será ese reflejo el efecto de algún extraño fenómeno estelar? ¿La explosión de una galaxia o la aurora boreal? Qué importa, pues cualquiera que sea el origen de la fuente de luz, puedo pensar, sin que nadie venga a decir que estoy faltando a la verdad, que ese potente faro que reverbera a mis espaldas ha sido puesto a mi servicio por un dios.

¡Ah!, y los patines, ¡qué maravilla!, chuas chuas, se deslizan serenos sobre el hielo endurecido, chuas chuas, ligeros como la bailarina finlandesa que el año pasado estuvo en la escuela para una demostración (danzaba como los ángeles y se llamaba Marja Lissa, nunca la olvidaré). Y el ruido que hacen, apenas perceptible, semeja el aletear de las gaviotas cuando vuelan a ras de las olas, chuas chuas.

Sí, mi huida al Sur comienza con buen pie y si Kid continúa acelerando —ahora cruzamos una planicie lisa como una mesa de billar y brillante como un espejo—, pronto se apartará del suelo y se echará a volar.

Kid, perro volador. Siempre pensé que esa era su verdadera vocación. Cuántas veces tuve que treparme hasta el techo para rescatarlo, y nunca nos pudimos explicar cómo se las había ingeniado para subir. Es una suerte viajar con un perro tan habilidoso como Kid, yo que se los digo, créanme, y si dudan de mis palabras, véanlo con sus propios ojos, observen cómo mueve las patas delanteras, apenas rozando el hielo como si escarbara en el aire, miren luego cómo se apoya en las patas traseras semejante a un canguro que se dispusiera a saltar. Y eso no es todo, si prestan atención se darán cuenta de que ambos movimientos están perfectamente sincronizados como un reloj de precisión.

Perro precioso, Kid, vale un dineral. En el Sur se hará sentir, quiero decir que demostrará alguna nueva astucia. Sí, señores. Trabajo no pasaremos, se los puedo asegurar. Encontraremos alguna familia que nos adopte, y si es necesario nos emplearemos en un circo. El perro acróbata será un número que a todos gustará. Y yo podría hacer de mago o de gitano. Sé leer la mente y conozco algunos trucos de la baraja. Ya escucho los aplausos y el tintinear de las monedas. El director del circo nos felicita. ¡Bravo, muchachos! Creo que se merecen un descanso. Sí, por cierto, se lo íbamos a decir, nos tomaremos unas vacaciones.

Kid y yo correteamos por la orilla de la playa. El mar es azul, de un azul intenso como nunca antes había visto, ni siquiera imaginado, lo puedo jurar. ¡Ah!, qué alegría, perrito lindo. Este es el lugar del mundo que siempre soñé.

Por cuánto tiempo se ha prolongado esta larga travesía, no lo sabría decir. A veces creo que la primera noche no culmina todavía, que el trineo se quedó varado en alguna ensenada, enredado entre una maraña de raíces y lodo. En este caso, sólo nos sostiene la ilusión: Kid y yo nunca dejaremos de viajar.

Aunque no avancemos ni una vara, la sensación de movimiento es nuestra única razón de ser. Sin embargo, lo que predomina en mi mente es el recuerdo —un poco vago, debo reconocerlo— de las muchas jornadas que hemos cumplido desde la lejana noche en que partimos de mi país natal. Días enteros durmiendo a la intemperie, escondidos en algún refugio improvisado, burlando a los lobos y a los chacales.

Sí, reposamos durante las horas de sol, y las noches —frías y luminosas— son para viajar. Así lo acordamos desde el principio Kid y yo. Es lo más seguro, ningún peligro nos acechará. Si acaso surgiera un enemigo inesperado, una bestia nocturna o unos bandidos embozados, nuestra insólita presencia les causaría un susto colosal. Se espantarían, quizá. Y si insistieran en atacarnos, entonces Kid los acabaría de desconcertar, pues ¿quién ha visto en mitad de la noche a un perro volador?

Hundidos en la nieve —convertidos en un monumento helado que serviría de punto de orientación a los viajeros extraviados. O volando como fantasmas sobre las frías estepas. De la manera que sea, nuestro destino es el Sur. Aunque quisiéramos, ya no podríamos regresar. ¿Estás seguro de lo que dices? Sí, lo estoy. ¿Por qué? ¿Quieres saberlo? Escucha bien: no se regresa nunca de un viaje al Sur.

¿Dónde estoy? Hace rato que perdí el control. Creo que el trineo se desliza por un tobogán, y ni siquiera sé si Kid va en la delantera —he intentado en vano comunicarme con él, no tengo voz. ¿Tal vez logró desengancharse antes de que el trineo se despeñara? Por momentos olvido qué estoy haciendo en esta espesa oscuridad, rodando ladera abajo como si me estuviera tragando la tierra. Incluso olvido quién soy, cómo es mi rostro, de qué color eran mis ojos antes de la caída. Intento ver mis manos, aferradas a las riendas, y sólo alcanzo a distinguir unas

31

formas borrosas parecidas a las ramas torcidas de un arbusto. No logro ordenar mis pensamientos, todo es confuso. Pero, curiosamente, no tengo miedo. Estoy inquieto, sí. Quisiera saber qué hay al final de este túnel de niebla negra. Qué ha sido de Kid. En cuánto tiempo llegaremos a la salida.

Continúo cayendo y pareciera que ningún obstáculo me detendrá. Siento los labios resecos y un sabor dulce e intenso —como una gota de miel— en el velo del paladar. Siento que una ráfaga de aire sopla dentro de mi cuerpo y en mis venas la sangre corre ligera como el agua de un manantial. Un suave cosquilleo se centra en mi ombligo y de ahí se expande en espiral hasta envolverme todo —es como un goce inmenso que no sé si podré soportar. Ahora floto en un espacio líquido, sin densidad. Y, por momentos, me arrebata y me sacude un viento hostil. Creo que ya no existe trineo ni nieve endurecida ni aurora boreal. Kid duerme en su perrera de

nogal. Y yo me voy adormeciendo también. Tal vez mañana despierte en algún lugar remoto, cerca del mar.

Aún persiste la oscuridad. Pero ya el trineo, la tormenta, o lo que fuera que se agitara, se ha aquietado. Oigo voces a mi alrededor. Me imagino rodeado por una pandilla de salteadores —que discuten entre ellos qué hacer con ese muchacho atrapado en la nieve y con ese perro parecido a una oveja. ¿Me desollarán vivo o me enviarán a un orfanatorio? ¿Y a Kid, lo convertirán en carne a la brasa? Creo que estás delirando, Harold Haroldson, hijo de Olav.

Las voces se definen y el aire cerca de mis ojos comienza a clarear. Ahora entiendo, creo entender. Vengo del Norte, de un extraño sueño, y acabo de despertar. Reconozco la voz cantarina de mi madre, habla como en un susurro con alguien que ha entrado a la habitación a preguntar por mi salud, el hijo está dormido y ella no quiere que ningún ruido molesto lo perturbe. Poco a poco me despejo, pero permanezco con los ojos cerrados. Simulo un sueño profundo y afino el oído —sé que hablan de mí.

—Anoche estuvo delirando, pero amaneció mejor. Ya no tiene fiebre, apenas un poco de calentura, gracias a Dios.

—¿Y usted cree que estará totalmente repuesto para la velada?

—Sí, por supuesto. En tres días andará corriendo como un galgo. Lo conozco bien.

—Ojalá que así sea, pues yo ya me estaba preocupando. Usted sabe... la responsabilidad.

—Descuide, señorita...

(La señorita es mi maestra. La conozco por su voz de pajarito chillón. ¿Por qué habrá venido a visitarme, qué estará tramando? ¿Desde cuándo se interesa por mí?)

—...Quédese tranquila. Mi hijo no la defraudará. Si usted supiera lo entusiasmado que está por representar ese papel. Lo he visto ensayando a todas horas, y él es muy memorioso. Seguro que repite su parlamento sin ningún error.

—Sí, señora. Yo nunca he dudado de su capacidad. Sólo que... cuando supe que estaba enfermo...

—Un poco afiebrado, nada más. Por cierto, ¿usted me podría decir de qué trata la obra? Disculpe mi distracción, pero no he tenido tiempo de preguntárselo a mi hijo.

—Es una historia de vikingos.

—¿Vikingos?

(No me digas, madre, que no sabes quiénes fueron los vikingos.)

—Sí, vikingos. Esos guerreros nórdicos que, según la leyenda, exploraron las costas de América siglos antes de la llegada de Colón.

(La maestra da por finalizada la lección. Mi madre carraspea y le ofrece un café.)

Otra vez me he quedado solo. ¡Qué confusión! Tendré que recuperar fuerzas, pues el viaje ha sido largo y fatigoso. Y por poco acabamos vueltos filete, entre los dientes de los lobos, Kid y yo. Pero valió la pena, lo juro por Odín. El clima aquí es benigno, lo siento en la piel, y detrás de aquella cortina que la brisa sacude levemente se adivina el sol. Si me acerco a la ventana y aparto la cortina, podré ver la hilera de palmeras que cortan el viento que viene del mar. Conozco muy bien ese paisaje, me lo sé de memoria. Este ha sido siempre mi lugar. Cuando regrese mi madre, me encontrará despierto, y le diré que tengo sed, mucha sed. Y en la tardecita, a la hora de la siesta, veré si puedo levantarme. Saldré al patio y llamaré a Kid —con un silbido que sólo yo sé hacer. Juntos correremos hasta la orilla del mar.

GLOSARIO

abedul. Árbol de unos 10 metros de altura, de madera blanca, que abunda en Europa.

alce. Mamífero rumiante, parecido al ciervo, que habita en las regiones boreales de Europa y América.

anorak. Chaqueta impermeable con capucha. Es una prenda utilizada por los esquimales.

arnés. Implementos con los cuales se sujetan y conducen los animales que tiran del trineo.

aurora boreal. Meteoros luminosos que se observan en el hemisferio norte.

ciervo. Mamífero rumiante, de color pardo rojizo y de cuernos ramosos. Indomesticable.

deshollinador. Persona que limpia residuos de carbón (hollín) de la chimenea.

embozar. Cubrir el rostro por la parte inferior hasta las narices o los ojos. Poner un bozal a un animal.

estepa. Llanura extensa con vegetación herbácea.

fuelle. Instrumento para recoger aire y lanzarlo con dirección determinada.

heno. Hierba seca, segada, para alimento del ganado.

hoz. Instrumento cortante, de hoja corva y dentada con mango de madera que sirve para segar hierbas.

megaterio. Mamífero prehistórico desdentado, parecido a una pereza gigante, de 6 metros de longitud y 2 de altura, cabeza relativamente pequeña y sólo 4 muelas en cada lado de las 2 mandíbulas; uñas fuertes y curvas. Fósiles de este animal han sido encontrados en diversos países de Suramérica, entre ellos Venezuela y Argentina, y se conservan en los museos.